Brigitte Bee

WortSchattenGeflüster

Vom Sprachlosen und Unsagbaren -
im Bann von Wörtern und Dingen des Lebens

Geschichten und Gedichte

Bad Orb 2022

Bibliografische Information der Deutschen Bibliothek
Die Deutsche Bibliothek verzeichnet diese Publikation in der
Deutschen Nationalbibliografie; detaillierte bibliografische
Daten sind im Internet über http://dnb.ddb.de abrufbar.
ISBN: 9783756223848

Copyright © Brigitte Bee 2022, Jahnstraße 20, 63619 Bad Orb
Herausgeber, Satz, Layout: Michael Liebusch
www.kunstraum-liebusch.de
Einbandbild: Michael Liebusch
Herstellung und Verlag: BoD - Books on Demand, Norderstedt

Inhalt

Habt ihr Erinnerungen, die schimmernden Bögen, die die Klüfte des Denkens überspannen?

Khalil Gibran

Vorwort

Das „WortSchattenGeflüster" beginnt in den fünfziger Jahren auf dem Bauernhof der Großeltern und im Elternhaus des Mädchens Lene.

Beim Arbeiten und Zusammenleben in der Familie gibt es wichtige Regeln und Rituale, die dazu dienen, das Überleben zu sichern. Vom schweigsamen Großvater lernt Lene, dass Wörter wertvoll sind, weil sie wichtige Gedanken aufbewahren. Wörter soll man nicht einfach durch Geplapper vergeuden. Das stille Einverständnis gilt als Basis für ein friedliches Miteinander.

Lene beobachtet das Alltagsgeschehen. Sie ist fasziniert von Wörtern, deren Bedeutung sie nicht versteht und von den Dingen, mit denen man, aus irgendeinem Grund, sehr vorsichtig umgehen muss. Diese Wörter und Dinge sind wichtige Zeugen von Ereignissen. Wenn man sie genau kennt und damit umgehen kann, darf man auch mal mitreden und helfen bei der Arbeit.

Haus, Hof, Acker, Scheune, Stallungen und der Garten sind für Lene abenteuerliche Erfahrungsorte und zugleich Nahrung für ihre Phantasie und ihre Lebensträume.

Jahrzehnte später, nach dem Tod der Vorfahren, beginnt Lene mit dem Leer-Räumen des Elternhauses. In den Zimmern, im Hof, im Garten spürt sie immer noch die Atmosphäre der früheren Jahre. Denk- und Lebensweisen werden noch einmal sichtbar und fühlbar. Die Anordnung der Dinge hatte zwingende, geheime Gründe. Lene wagt es kaum, eines der kleinen Blumenväschen oder das große Liederbuch von seinem Platz wegzunehmen.

Sie nimmt vorsichtig die Dinge in die Hand, um sie genauer zu betrachten. Fragen tauchen auf, aber es ist niemand da, der sie beantwortet. Könnten sich Gedanken, Gefühle oder ein dramatisches Ereignis in den Dingen manifestiert haben, die sorgsam geordnet in Schubladen und Schränken liegen oder in den hinteren Ecken auf dem Dachboden verstaut sind?

Hier haben vier Generationen ihre Lebensspuren hinterlassen. Verbindungen lassen sich erkennen zwischen den Gegenständen und dem Schicksal einzelner Familienmitglieder. Fotografien, Briefe und Dokumente zeugen von Krankheit, Tod, traumatischen oder glückvollen Ereignissen und belegen, dass die Lebensläufe durch die soziale oder politische Lage, durch Inflation, Arbeitslosigkeit, Seuchen oder Krieg beeinflusst wurden.

Der Nachlass muss neu geordnet werden. Es ist nicht leicht, Kriterien für eine Auslese zu finden. Was ist wertvoll, wenn die Person, für die etwas einen Wert hat, nicht mehr da ist? Was sollte aufbewahrt werden? Was kann weggeworfen oder jemandem weitergegeben werden?

Es gibt magische Momente. Beim Öffnen eines Pappschächtelchens taucht der Ehering der früh verstorbenen Großmutter auf, daneben das Mutterkreuz der kinderreichen Urgroßmutter und Mutters Strass-Kettchen.

Aus Schränken und Schubladen quellen Lesebrillen, defekte Armbanduhren, Tabakspfeifen, Fingerhüte, Federhalter, Tintenfässchen, Tagebücher, Feldpostbriefe und mehr. Unzählige Dinge, die einmal für jemanden eine Bedeutung hatten.

Nach einer geheimnisvollen Dramaturgie setzen sich die Erinnerungs-Bruchstücke zusammen.

Michael Liebusch

1.

WortSpurenSuche

Am Morgen

Ein Hofhund bellt den Mond und jeden Schatten an. Er gauzt sich Tag und Nacht die Lungen raus. Die Stille kommt erst nach der Mitternacht, wenn auch des Nachbars Kettenhund ein Schläfchen hält. Da fängt man sich zu gruseln an, wenn sich die Stille allzu lange dehnt. Die schwere schwarze Stille kommt nur mit dem Tod. Drum kann man sie nicht gut ertragen.

Um 4 Uhr früh beginnt das Hofkonzert. Das Fleckvieh brüllt. Es will gemolken und gemistet werden. Die Schweine quieken, grunzen und donnern ihr Gewicht ans Bohlenholz, bis Oma ihnen eimerweis den Weizenkleikartoffelsud in ihren Trog gekippt. Der Hahn kräht stolz die Morgensonne an. Es dämmert und es duftet nach Zichorienkaffee. Milchkannen klappern und die Pferdhufe schlagen hart aufs Kopfsteinpflaster vor dem Haus. Nun müssen auch die Kinder aus den Federn raus und frischgewaschen und gekämmt in die Klamotten rein. Ein Tischgebet, ein Butterbrot und los geht´s in die Schul. Die 8 Uhr-Glocke scheppert. Der neue Tag beginnt. Die Spatzen tschilpen. Es zwitschert, bellt, grunzt, muht, miaut und wiehert auf dem Hof und auch im Stall, es meckert, gackert, kräht, es brummt und summt.

*Ruhelos reisen
die Seelensprache suchen
im Mutter – Haus Wort*

Schweigen

„Pscht!" flüstert Oma, als die Lene anhebt, was zu fragen. Um 12 Uhr sitzt man mäuschenstill am Mittagstisch und alle schaun dem Opa nun beim Radiohören zu. Man hört, was in der Welt passiert und ob das Wetter wechselt oder bleibt. Der Opa lauscht, er schweigt. Er gibt auch niemals einen Kommentar, solang der Radiosprecher spricht.

Nach 5 Minuten sind die Nachrichten vorbei, der Opa schaltet gleich das Radio aus, die Kinder dürfen wieder schwatzen.

Manchmal sagt Opa noch nen Satz zur Politik, da wird es in der Küche wieder still, weil Opa ja so selten spricht.

Dass Schweigen Gold sei, hat man sagen hören. Die Kinder wolln jedoch viel lieber Silber plappern. Das Gold ist für den Opa reserviert, der schweigend lächelnd in die Runde blickt.

Hinter dem Schweigen

Ob wohl der Opa, wenn er schweigt, was hören kann, das niemand je gehört? Die Lene grübelt, obs Gedanken ohne Wörter gibt. Wörter schwirren ihr im Kopf herum. Bedeutungs- und gedankenlos verschwinden sie in der Vergessens-Falle.

Lene sucht im Lexikon nach Wörtern, die sich nicht begreifen lassen. Am besten ists, so hat sie es gelernt, zu schweigen, hören, schaun, zu warten und zu suchen solange bis der Kopf sich mit Gedanken-Wörtern füllt, die wissen, was sie sagen wollen und die vielleicht die Welt erklären können.

Vorerst lohnt es sich, dem Schweigen zu vertrauen, zu lauschen und zu schauen.

Sprachverwirrungen
wildwuchernde Phantasie
W o r t w ü r g e s c h l i n g e n

Der Samstag – Verbotene Wörter

Weil Lene flinke Finger hat, darf sie heut mal der Oma helfen. Sie hacken Eierschalen klein und auch die Pelle von der Wurst, das ist das Sonntagsessen für die Hühner. Der Eimer mit den Mittagessensresten wird ins Schweinefutter rein gekippt. Die Kätzchen kriegen frische Milch auf weißen Untertassen. Luxi, der Spitz, nagt an dem großen Knochen, der noch vom Schlachtfest übrig ist. Die Oma dient dem lieben Gott tagaus, tagein. Sie schuftet, betet, gönnt sich nichts und leidet duldend schlimme Schmerzen.

Vorm Schuppen hockt die Lene auf der Schwelle. Sie scheucht ein freches Scharrelhuhn. Das pickt herum an einem Stückchen Blutwursthaut und wäre fast daran erstickt. Der Opa summt ein Lied vom Schnitter Tod und dengelt seinen Sensenbogen. Luxi verqauzt den kecken Hahn.

Die frisch gebacknen Streuselkuchen auf den Blechen duften, wie das Paradies. Gerhardchen krümmt sich, stöhnt, weil ungebackner Streuselteig in seinen Därmen quillt. „Das kommt davon", schimpft Tante Rieke und gibt dem kleinen Wicht nen Kräuterschnaps.

Der Pfarrer läutet auf dem Kirchturm seinen Samstagabend ein und Liesel schrubbt die letzten Treppenstufen. Der Opa hat den Badeofen angeheizt. Als Erste darf die Lene in den Fichtennadelsud hinein. Kaum aus der Wanne sagt das Mädel „Kukeruz", was ganz bestimmt verboten ist. Das Bärchen kommentiers mit „Kakelei" und beide lachen sich halb krumm.

Das Bärchen stiberitzt bauchwarmen Kuchen aus der

Streuselkuchentrocknerei.

Auf Fichtennadelwolken schweben sie durch Zeit und Raum. Die schwere Kuchensüße zieht die Mädchen in das Land der goldbefrackten Pommenadenprinzen, die sich durchs Radio frisch gewaschne Mädchenherzen aus den Badezubern holen.

Restwörterglimmen

Nachhall der Muttersprache
Zwischenklangräume

Wörterschmerz

Wörter bewahren Wissen und Gefühle auf. In jedem M ist die Mama und in jedem P der Papa, der auch im F weiterlebt, weil er Fritz heißt. Das O leuchtet wie die Sonne, vor allem, wenn das S davorsteht, manchmal ist es hell wie der Mond.

Das O und das M können liebend und leuchtend die Angst vor der Dunkelheit vertreiben und vor dem anderen, schwarzen O, das umgrenzt ist von dem T.

Wörter haben viele Leben. Sie können sich mit anderen Wörtern verbinden und können Geschichten vorgaukeln oder in Briefen und Gedichten so sein, als wären sie die Liebe selbst. Wörterschmerz ist das Schlimmste, weil der Schmerz die Wörter zerreißen und sie damit wieder zum Verschwinden bringen könnte.

Lebensraumtrümmer
W o r t a s c h e r e g e n – N ä c h t e
nackte Buchstaben

Staub und Krieg – Wörterangst

Unterm Holzhallendach riecht es nach Staub, hundertjährigem Staub, nach modrigem Holz und der Hitze von Kindheitssommern. Verbotenes Gebiet, gefährlich, weil da Erinnerungen lauern.

Ausgebeulte Reitstiefel, eine verfilzte Uniformmütze, eine neunschwänzige Katze und andere Sachen, auf die man sich einen Reim machen könnte. Das Licht spielt sein Staubflimmerspiel.

Stickige Staubwolkenluft unterm Dach, wenn man unberechtigt den Deckel einer Holzkiste aufgehebelt hat. Briefe darin, mürbes braungraues Papier, das beim Auffalten einreißt. Jede Seite dicht bis an die Ränder vollgeschrieben. Sütterlinberichte von der Front. Aus der Hölle von Verdun, wo der fröhliche Heinrich, der Bruder des Großvaters, sein Leben verloren hatte. „Kanonenfutter", in einem sinnlosen Krieg.

Seit Jahrzehnten liegen seine verblichenen Briefe im zentimeterdicken Staub unterm Dach.

In einem anderen Holzkasten liegen Millionen und Milliarden Reichsmark; Reichtümer, die niemanden reich gemacht haben.

Zwischen Papierfetzen und Mäusekot finden sich weitere Dinge. Eine Koppelschnalle mit Hakenkreuz, das Mutterkreuz der Ur-Oma, die zehn Kinder hatte. Drei davon Kanonenfutter für den zweiten Weltkrieg.

Kinder ducken sich, spielen einen Krieg, von dem sie gehört, den sie nicht erlebt haben. Sie verkriechen sich in den Schränken, hören die schweren Tritte der SS-Stiefel. Bloß nicht gefunden und abtransportiert werden. Sie hören das Feuerbrüllen in den zerbombten Städten und das schwarze Rieseln des Ascheregens. Die Dachboden-Luft ist ein Gemisch aus Asche und Staub.

Kinder spielen auch Friedenmachen. Spielen Engländer und Franzose, kauderwelschen in Sprachen, die sie nicht kennen, die sie sich aber vorstellen können.

Vorhanden sind dort auch verstaubte Friedens-Zucker-dosen, Versöhnungs-Suppenschüsseln und Friedenspfei-fen aus Opas Tabakwarenladen.

Der Angst-Dachboden, der Schreckens-Staub, der alles durchdringt, die Jacke, die Haut, die Lunge, den Kopf. Dieser Zeuge von Krieg, Not, Krankheit und Grauen! Die Kinder kennen die Buchstaben: ABC, TBC, NSDAP. Eine Schiefertafel, Fotos aus einem Lungensanatorium, Bilder von Männern in Uniform.

„Eins, zwei, drei, vier Eckstein, alles muss versteckt sein!"

Die Angst, wie Eis überm Rücken, beim Suchen, Finden, Gefunden-, Gefangen- und Abtransportiertwerden.

Davonlaufen, Staub wirbelt auf, weglaufen, rennen, ren-nen, sie dürfen dich nicht kriegen!

Schwarze Staubenge im Kopf. Gedanken aus hundertjäh-rigem Staub, dem man nicht entkommen kann.

Zersprengte Sprache
die Grammatik der Gewalt
W o r t – A t t e n t a t e

Sommermittag – Wörterparadies

Die Sonne brennt, es ist so still, weil mittags alle in den kühlen Stuben schlafen. Die Spatzen tschilpen und die Schwalben zwitschern unterm Scheunendach. Die Kinder schlüpfen durch das Tor ins Sommerparadies.
Im weichen Wiesenbett kniet die Marai und fragt den Gänseblum, ob er sie liebt. Die Lene tanzt mit Bärchen wild im Kreis das Barfuß-Karussell. Sie fallen prustend in das Kitzelgras, wo Käfer durch die Halme knistern und die Butterblumen fette dottergelbe Küsserein betreiben.
Sie bleiben dort im Kleegewisper auf dem Rücken liegen und fliegen schauend, träumend in das tiefe Himmelsblau.
Die schwere Süße reifer Kirschen macht sich genüsslich auf der Zunge breit. Gerhardchen schwört, die Schwerkraft zu besiegen, was ihm vorübergehend auch gelingt und er verschwindet gänzlich im Geäst des Sommer-Apfelbaums. Kratzbürstig wehren sich am Gartenzaun die dunklen Heckenbeeren, sie wollen noch ein wenig weiter reifen in der Sonnenglut und nicht schon jetzt in Omas Marmeladetöpfen enden.
Die Mädchen flechten sich nen Gänseblümchenkranz und träumen sich nen Prinzgemahl herbei, der sie ins Zuckerbäckerschloss im fernen Irgendwo entführt. Zitronenfalter überbringen Liebesgrüße. Himmelblau betäubt der Phlox das Paradies mit dunkelrunder Süße und Bussarde ziehn am Himmel weite Kreise.

Flatternder Atem
wirbelnde Luftbruchstücke
B l i t z – S a t z – G e m e t z e l

Das Kaffeetässchen – Tränenwörter

Ein verschnörkeltes goldrandverziertes Kaffeetässchen, bemalt mit dem Bild einer Villen-Landschaft und den Wörtern „Bad Ems".

Es wird aus seinem Dachbodenversteck geholt, die Staubhülle unterm Wasser weggewaschen und der gefundene Schatz wird stolz der Mutter präsentiert.

„Tu das sofort wieder dahin, wo du es her hast. Was fällt euch ein, in den alten Sachen herumzuschnüffeln. Ich habs doch verboten." Die Mutter kann nicht weitersprechen. Tränen rollen über ihre Wangen. Sie wischt sie schnell mit dem Handrücken weg und eilt in die Küche. Dort klappert sie mit den Töpfen und spricht stundenlang kein Wort mehr.

Schnell die Dinge zurück an ihren Platz und so tun, als wäre nichts geschehen.

Im Lexikon suchen nach Bad Ems: Heilkurort, Lungensanatorium.

Weitere Wörter bleiben drin in den Köpfen: Stalingrad, KZ, Endsieg, Flucht, Kriegsheimkehrer, Carepakete, Alliierte, Tieflieger. Ein Wörterkrieg im Kopf. Die Wörter wollen nicht vergessen werden.

Der Krieg ist in den Köpfen hängen geblieben. Er kann und soll nicht vergessen werden, damit bloß nie wieder so etwas geschieht. Auch darüber am besten nicht sprechen, sonst geht der Krieg in den Köpfen aufs Neue los. Also beobachten, vermuten, aber nicht wissen.

Leblose Wörter
erstickt im T r u g z u n g e n s u m p f
gefälschte Sprache

Die schweigenden Dinge –
Wörtergeheimnisse

Die Dinge schweigen. Sie haben Geheimnisse. Sie liegen in kleinen Schächtelchen aus Pappe, Plastik oder Bakelit. Sie verbergen sich lange schon in ihren seidig gepolsterten Heimstätten. Manchmal verstecken sich Ringe, Anstecknadeln oder Ohrringe zwischen vergilbten Watteschichten.

Sie liegen seit einem halben Jahrhundert im Nachtkästchen, umgeben von unzähligen umhäkelten Spitzentaschentüchern.

Allerlei Armbanduhren und blinkende Strass-Kettchen haben sich dazwischen eingegraben, weil sie nicht benutzt oder nicht mehr gebraucht wurden. Die Uhren sind nicht funktionstüchtig, aber sie gemahnen an die Zeit. Sie erinnern an eine andere Zeit, an die Menschen, die einander diese Dinge geschenkt haben.

Hinter den Wörtern
v e r b o r g e n e   A b s i c h t e n
lauernde Taten

Brave Mädchen - Böse Wörter

Zur Tante sagt die Lene was von Konorrö. Die Tante sagt, dass man sowas nicht sagen darf, sonst fallen einem gleich die Zöpfe ab. „Na gut, dann sag ich eben Katzefalk", und peng kriegts Mädel von der Tante was aufs Ohr.

Die Lene flitzt zum Gartentor, den Lattenzaun entlang, wo Schäferhunde sie verbellen. Sie rennt und flennt und schluchzt der Irma und dem Bärchen ihren Kummer vor.

Sie sollen liebe Mädchen werden, die immer brav und freundlich sind, die knicksen, grüßen und das schöne Händchen geben und keine bösen Wörter sagen. Sie sollen schweigen, wenn die Großen reden und es gehört sich nicht, dass man ne freche Antwort gibt. Sie solln nicht schimpfen oder fluchen, wie das die Männer manchmal tun, weil das die Mädchen nämlich hässlich macht. Cousine Irma lacht: „Wer hat euch das denn eingeimpft? Mich kratzt das nicht." Sie zwinkert ihnen zu. Das Bärchen aber bleibt dabei, das Böse, das muss drinnen bleiben, auch wenn es wütend oder patzig werden will. Sie meint, das stehe in der Bibel schon geschrieben. Die Irma zuckt die Schultern: „Ihr werdet schon noch sehn, was Euch das nutzt."

Unbekanntes Wort
geheimnisvolle Laute
Sehnsuchts–Alphabet

Macht der Dinge

Die Dinge im Haus haben ihren Platz. Sie dürfen weder berührt noch an eine andere Stelle geschoben werden, weil sonst gravierende Erosionen oder gar Katastrophen geschehen könnten.

Die fragilen Strukturen eines Lebens erhalten durch die Ordnung der Dinge eine feste Form.
Die Dinge bilden einen Wall gegen das Hereinbrechen des Schicksals, denn der Tod umlauert das Haus, er will die Bewohner herausholen.

Sprachbombardement
rastlose Bildattacken
W ö r t e r S e e l e n T o d

Die böse Grete - Wörtergift

Wiedermal muss Lene zu der bösen Grete gehen und fragen, wann sie denn gedenkt, der Oma und dem Opa ihre Ackerpacht zu zahlen. Die Grete ist die böse Frau von jenem Hans, der früher mal bei Hitler in der blonden Männertruppe war. Zur Strafe kriegte er ne Hex zur Ehefrau, die ihm das Leben jeden Tag zur Hölle macht. „Ich soll...", beginnt die Lene leise. „Ha, sie schicken schon das Kleingemüse, weil sie sich nicht mal mehr getrauen mir in die Augen rein zu sehn", giftet die Hexe Grete los. Heulend rennt das Kind davon. „Ein jeder kriegt, was er verdient!" schleudert die Grete hinterher. Die Lene schämt sich, dass die Hexe sie hat heulen sehn, sie wird das lieber nicht der Oma sagen.

Brüllendes Alveolenglizzern
chorisch-cholerisches Dunkelfunkeln
elegisches Feengeheul

hungrige Gierspringer
illuminieren Jasminfinsterzymbeln
kargwandig-lähmende Monadenmuster

Not-Ortungsqualen
Purpurstrophenverquerungen
tiefstreifende Rosentrauerschauer

Urwortwandel
vagabundierender Wutzeitschrei
xsybillinischer Z w i s c h e n z w e i f e l

Es brennt – Wortgewitter

Cousine Bärchen flennt erbärmlich, weil ihr der Donner durch die Ohren rollt. Der Klein-Cousin ist sehr galant und zerrt das arme Ding zur Liesel hin, bei der sich immer etwas Süßes findet.

Sirenen mischen sich ins Ungewitter ein. Der Kirchturm lässt die Glocken dröhnen. Die Männer rennen durch den Hagelschlag zum Feuerwehrgerätehaus. Der Blitz, der hat beim Johann in die Scheun geschlagen, da bricht das Feuer schon durchs Dach. Schon kommt die Feuerwehr mit ihrem dicken Schlauch. Es qualmt und zischt, die Blitze jagen weiter übers Land. Rauchschwaden schieben sich durchs Tor zum Nachbarhaus. „Passt auf, gleich greift das Feuer auf das Wohnhaus über!" Die Männer rennen, löschen, schlagen auf die Flammen drauf und kriegen sie so schnell nicht tot.

Der Johann hockt mit Kindern und der Frau in Decken eingehüllt im roten Wagen von der Feuerwehr. Er weint, was niemand glauben kann. Er weint solange, bis das Feuer aufgegeben hat.

„Kommt, es ist Zeit fürs Abendbrot", die Oma ruft und Opa dankt dem lieben Gott mit einem großen Tischgebet und einer Runde Korn zum Apfelwein dafür, dass ihm das Haus und Hof verschont geblieben sind.

Die ganze Nacht noch denkt das Lenchen drüber nach, ob wohl der Nachbar Johann irgendwann mal böse war? Vermutlich hat der Blitz das falsche Haus getroffen. Die böse Gret von nebenan, die stand die ganze Zeit dabei und glotzte auf die Glut. Sie rief was, was man in dem Trubel nicht verstehen konnte.

Anachronistische B l i c k b i n d u n g e n
charmante Distanz-Energismen
flüchtige Gaukeleienhast

Jähes Inkorporieren ins
Klapper-Lab-Schnattern
machtverzerrter Not-Ortungs-Polaritäten

Quälende Rückrache
stumm starrender Trostgebäude

Ultimatives Visionieren wankender Wunschfalter
xenophobisch yllürisierter Zwangszangenzierrat

Zuckender Zuwendungszauber

Waschtag – Saubere Wörter

Waschküchendämpfe steigen auf, dort wo Kartoffelklei-Absude brodeln für das Schweinevolk.
Bettlaken, Leibchen, Untersachen weichen in der großen Seifenlaugenbütte. Der Boden glitscht, es riecht ganz wundervoll. Die Lene rührt im Seifensee.
„He", ruft die Tante, „komm jetzt endlich rein. Die Butterkundschaft wartet schon. Du musst die Liste führen. Ach, Gott, wie sieht es hier denn wieder aus."
Hinter dem Haustor singt der Klein-Cousin sein „Hoppe Reiter" und kriegt gleich wieder was aufs Ohr, damit er lernt, sich zu benehmen.
Die Tante schnauft, mit ihrem schweren Korb quer durch den Hof. Es gilt die frischgewaschne Wäsche aufzuhängen. Nach vorn, zur Straße hin, die großen fleckenlosen Häkelspitzendecken. Dahinter dann das Bettzeug, was im Lauf der Jahre nicht mehr ganz so blütenweiß zu kriegen ist. Dann kommt das Handtuchwäscheseil. Ganz hinten hängt die Körperunterwäsche, streng getrennt nach Ober- und nach Unterkörpern, getrennt natürlich auch nach Alter und Geschlecht. Die Mieder und die Männerunterhosen flattern lustig auf im Wind, als wollten sie sich gern mal auf der Straße zeigen. Nach ein paar Stunden soll die Lene dann die Wäsche prüfen, ob wohl die ersten Stücke trocken sind.
„Gleich gibts nen Guss, herrje", die Rieke springt geschwind herbei, „macht schnell!" und schnürt im Laufen sich die Kittelschürze zu, die sich beim Reden mit dem Konrad irgendwie gelockert hat. „Kommt her, die großen Stücke nehmen wir zuerst. So pass doch auf, dass sie

nicht auf dem Boden schleifen. Zieh mal die Ecken, so ists gut. Die Wäsche ist jetzt bügelfeucht. Wo bleibt die Liesel, die soll runterkommen."

Der Donner brüllt. Die ersten Tropfen prasseln auf die Wäscheretterinnen nieder. Geschafft. Hinein ins schwüle Treppenhaus, wo auch der Konrad, der nach Kuhmist riecht, sich hin geflüchtet hat. Er schnappt die Rieke, doch die ist gleich entwischt. „Die Kinder", zischelt sie, „lass mich erst mal die nassen Sachen wechseln." Der Konrad will partout der Rieke dabei helfen. Die Lene fühlt sich wohl in ihrer nassen Haut. Sie schaut, was Fliegen beim Geblitze treiben.

Im Scheunenzwielicht
gärt Geborgenheit
Katzenkinderzeit
Heuballenduftgelage
geheime Gruselkunde
Versteckgeflüster
zwischen knisternden Hitzsplittern
Grolldonnergerolle
Blitzplatztratschgeplatsche

Der Hahn - Lockwörter

„Putputput, mein Hühnchen." Die Oma schwingt das Hackebeil. Blut spritzt aus dem Hühnerhals heraus. Der Hühnerleib entwischt, springt kopflos auf dem Hof herum. Die Kinder rennen kreischend auseinander. Die Lene steht erstarrt. Vor ihren Füßen zuckt das arme Huhn sein Restlein Leben aus und gleich darauf kräht dreimal noch der ungerupfte Hahn. Die Lene rührt sich nicht. Der Hahn greift an. Ein Satz, da krallt er seine Krallen in ihr Blondelockenhaar. Kopfwärts hackt der Hahnenschnabel. Die Oma fuchtelt dieses wilde Vieh herunter. „Dich krieg ich noch, du Satansbrut!" Lene steht noch immer starr, mit aufgerissnen Augen und schreit nicht mal vor Schreck. „Der Mensch soll wissen, was ein Hahn gewesen ist, bevor der auf dem Teller liegt", sagt Oma so, als wär sie ein Prophet.

„Heute back ich, morgen brau ich, übermorgen hol ich mir der Königin ihr Kind", singt frohgemut der Klein-Cousin. Gummibereift rollt er den Roller durch den Hühnerhof und schleckt die Rotzekrusten von der Oberlippe ab.

Put, put, put, das Hühnchen ist gerupft. Gerhardchen reibt sich stolz das blutig aufgeschundne Knie. Von Tante kriegt er dafür was aufs Ohr, weil sie nun wieder Hosen flicken muss.

Am Sonntag schlürft er sich durch Buttermilch und Erdbeermarmeladenbrot, weil er befreit ist von dem Hühnerschmaus. Die Tafelrunde schweigt und isst die Reste vom gebratnen Huhn, als wär es Distelgrütze mit gedroschnem Stroh.

Am Abend legt die Oma ihre wehen Füße in die Ofen-klappe und schnitzt mit scharfer Klinge an den Hühner-augen rum. Wie immer fließt sehr bald das Blut und Opa schreit, es soll gefälligst jemand schnell ein Pflaster ho-len. Das Lenchen rennt und zieht die Lade auf, wo es nach Jod, nach Babypuder und dem Naphtalin so herrlich riecht. Die Lene wühlt, genießt den Duft. Schnell, schnell, die Oma darf ja nicht verbluten.

Lene darf heute in der kalten Kammer bei der Oma und dem Opa schlafen. Sie darf in der Besucherritze liegen. Die Oma rechts, der Opa links und oben eine Kugellam-pe. In Omas Ecke steht das Waschlavoir, daneben wächst ein Hühnerei-Gebirge, weil Eier grad an diesem Platz am besten aufgehoben sind. Das Federbett ist schwer und klamm, es riecht nicht gut.

Die Oma löst den weißen Haarzopf aus dem Knoten und reibt den Kopf ein mit Melissengeist.

Sie löst die Eiterwickel von dem offnen Bein und schüttet Babypuder in das dunkelrote tiefe Loch. Lene holt noch frische Lappen, für das Omabein.

Der Opa riecht so gut nach Seifenschaum. Er hustet, räuspert sich und spuckt was in den Nachttopf rein. Lene betet „lieber Gott, oh mach mich fromm, dass ich in den Himmel komm". Die Oma schnarcht, der Opa schnarcht und Lenchen träumt vom Hacke-Hahn und von der Scheune, wo man sich heimlich frische Kätzchen auf die Seele legen kann. Und wenn man dann ganz leise ist, sieht man, was Konrad mit der Rieke tut.

Aus den Schlupfkastennestern
bröckeln
S c h u b l a d e n – S c h l e i f l i e d e r
vertuschte Sammelschwangerschaften

Schicksals-Hemden
Vermisste Leidklemmen
nahtlose Faltenschläger
Fachschachtelschlachten

Unverglückte Schubladenstopfsachen
hemmen den Zug-Zwang der Suchgier

Das Schlachten – Herz- und Blutwörter

„Die Kinder müssen weg vom Hof, gleich schlachtet hier der Metzger eine Sau", keift Rieke, „das ist für kleine Kinder nix." Die Tante schickt die Lene erst mal runter in den Keller zum Kartoffelholen. Das hat ihr grade noch gefehlt, das blöde dunkle Kellerloch. Bloß weil der Metzger jetzt der Dine einen Schuss gibt und die Lene soll's nicht sehn. Sie brummt was Widerständiges, doch das wird diesmal überhört, weil heute nur der Metzger hier regiert.
So schnappt das Mädel sich den Eimer und den Krug und schleicht sich aus der Haustür raus, die Treppe runter, wo an der letzten Stufe eine Falltür ist. Vermutlich wurde die einmal erfunden, um nachts betrunkne Männer in dem Kellerloch zu fangen.
Mit Vorsicht zieht sie einen Riegel auf und hebt die schweren Klappen hoch. Auf kalten ausgetretnen Sandsteinstufen tappt sie in das düstre Kellerloch, wo an den Wänden feuchter Moder wächst. Hier lauern Spinnen, Mäuse, Asseln, vielleicht auch ekelhafte Nattern auf ne Beute.
Es dauert, bis die Augen endlich was erkennen. Hier riechts nach Erde, Schimmel und nach Apfelwein, der aus dem Fass tropft in den Krug. Nur bloß nicht in ne Mausefalle tappen und schon gar nicht auf ein totes Mausefell.
Am Eingang links, da liegen die Kartoffeln. „Igitt!" kreischt Lene und schleudert gleich ein stinkend fauliges Kartoffelding durchs Falltor in den Hof.
Die Sau ist tot. Jetzt riecht das ganze Haus nach Blut. Die Tanten rühren in der dunkelroten zähen Brühe rum.

Die Oma jagt die Lene fort. Sie soll das Blutwurstmachen nicht verstehn, weil sie sonst nie mehr Blutwurst essen wird.

Die arme Dine hängt nun, in der Mitte aufgeschlitzt, vom Balken vor dem Kuhstall runter. Dort stellt sie ihre Innerein zur Schau. Der Metzger trennt ihr grad das Herz heraus und wills galant dem Lenchen schenken, das es doch gar nicht haben will. Der Metzger meinte es nur gut. Ein frisches Herz, das ist gesund für Leib und Liebesdinge. Jedoch die Lene will partout das Herz der toten Dine nicht verspeisen.

Sie zischt, dass sie den Metzger hasst. Dem Gerhardchen gibt er das Schwänzchen von dem toten Schwein. Der lacht und fuchtelt damit in der Luft herum. Die Lene flennt. Der Metzger jagt sie schließlich weg, so kann man nicht die Pflichten eines Metzgers tun.

Zu Mittag kriegt der Metzger immer Pfannenkuchen, während die andern Wellfleisch in der Wurstbrüh schmatzen.

Die Lene guckt dem Pfannenkuchen-Esser neidisch zu. Die Schweinereien auf dem Teller wird sie niemals essen. Sie weint schon wieder, was dem Opa Sorgen macht. Man muss das Kind mal zur Erholung schicken. Sie scheint ihm irgendwie nicht ganz gesund. Die Tante sagt, das geht vorbei, das sei verfrühte Pubertät, was Gerhardchen zum Lachen bringt. Lene gibt ihm einen Schienbeintritt. Er kreischt und beide werden gleich ins Bett geschickt.

Dem Konrad hängen sie das Schweineschwänzchen hinten an die Jacke dran.

Draußen hängt das arme Tier am Haken. Man sieht jetzt

nur noch Haut und Rippenspeer. In Schüsseln stinken die
Gedärme vor sich hin.
Ob Dine nun im Schweinehimmel ist?

Erde ruhe grasend
Narben spurend
drunter den Bruderbrand
Erde
schmeckt nach Schweigmaische
wenn Du sie durchruderst
Erde
schraffbeschriebenes Spurengras
unter der Schnarrsonne
schlierfisierende Griefsilven
sattfachtelnder W o r t w ü r g e m a l e

Cousine Irma – Sonnenwörter

Cousine Irma aalt sich in der Sonne. Sie liest dazu ein Buch, statt Oma bei der Unkrautjätung beizustehn. Irma, ist anders, denn sie war schon mal verlobt, sie weiß Bescheid, was Männer von ihr wollen. Und Irma weiß halt auch, was Irma will. Sie kommt aus dem Büro nachhaus und macht sichs an der frischen Luft bequem, das braucht sie, um zu lernen für die Abendschule. Und wenn sie dann am Dekolleté und auf dem Bauch die roten Bläschen kriegt, nennt sie das Sonnenallergie. Da muss sofort ein Blüschen drüber, und sie zieht mit Sack und Pack zum Kirschbaumschatten um, wo sie dann bücherlesend dicke Striche unter Sätze malt. „Wer hat bloß diesem Mädel sowas in den Kopf gesetzt?" Die Oma schnauft und hält sichs lahme Kreuz. Die jungen Dinger könnten sich viel besser bücken. Jedoch die Oma schweigt, weil Irma sich ja selbst ihr Geld verdient. Wie schwer das ist, davon kann mancher sich ein Liedchen singen. Mit Irma kann man stundenlang auf Karodecken unterm Himmel oder unter Bäumen liegen. Oder man schaut ihr zu bei Beinenthaarungskuren. Irma sieht nämlich aus wie die Bardot, wenn sie die Haare hochsteckt und die Augenbrauen zupft. Sie ölt sich vorn und hinten mit nem Nußöl ein, das duftet nach Tirol. Die Fuß- und Fingernägel lackt sie rot, wie Blut. Verträumt schwärmt sie der Lene was von ihrem heimlichen Geliebten vor. Lene zählt derweil die Himmelsschafe und wartet, ob der große Himmelsschäfer oben auch erscheint, dem hätt sie gern so einiges erzählt.

Heute Heuspelzenpelzen
spitztrockner Knisterkitzel
sphärisch knatternde Hungersonne
prall gespannt über Wegstaubsand
Heumarkierungen
zerflattern in Weg-Strecken

Heu - Wörterglut

Brütend liegt die Mittagshitze auf den Dächern und Johannisbeeren rollen aus den Büschen. Brombeeren horten dunkelschwarze Süße. Opa prüft den Himmel, liest von irgendwo das Wetter ab: „Wir fahren nochmal raus aufs Feld." Die Oma sagt: „Man darf den Zeitpunkt für die Ernte nicht verpassen."

Die Lotte und die Hans, das braungescheckte Paar, sind eingespannt und trotten unter Opas Hottehü gemächlich vor sich hin.

Am Morgen hat der Opa mit der Sense schon den halben Acker abgemäht. Jetzt müssen alle erst mal wieder Halme wenden. Lene sammelt zwischenzeitlich an den Ackerrändern den Kamillentee.

Der Klein-Cousin versucht, als Held, die ersten Stoppelfelder barfuß zu belaufen. Da kommt die Liesel mit dem Milchkaffee und Bäcker Fischers Plunderstückchen, damit der Erntegeist nicht allzu früh erlahmt.

Die Oma und die Tanten wenden, binden Garben. Mit schrägem Blick zum Himmel stemmen die Männer schwere Ähren auf den Leiterwagen drauf.

Der Opa nimmt die Garben in Empfang und sorgt für gleichgewichtiges Beladen.

Im Schatten alter Apfelbäume dürfen Küh' und Kinder ruhn. Doch zwischendurch solln auch die Kinder ein paar Ähren lesen.

Gerhardchen würd' so gern, wie Opa, auf dem Wagen stehn und weiter schauen als die andern und wissen, ob der Petrus sich an das versprochne Erntewetter hält.

Bei den Schön-Malven
zwischen den Hybriden
und ein blauer Himmel drüber

Die schönäugige Susanne
reckt ihre Ranken
zur Dachrinne hin
Schnakenlarven schlummern
im Regenfass
die Sonne brennt
im Sommergarten
wo heut die Kakteen blühn
zwei weiße Blüten
blühn nur eine Nacht
nicht wie die Sonnenblumen
die sich Tag für Tag zur Sonne drehn

Unendlich
endloses Blühen von Wandelröschen
Begonien und Phlox
und den Hortensien
im Duft des unechten Weihrauchs

Nachts wird's schon kühl
auch dieser Fuchsien-Sommer endet
war noch nicht lang genug
so wie wir ihn gern wollten

Dreschmaschine – Wörterbrot

Am Dreschmaschinentag gibt es zum Frühstück Butterbrot und Käselaibchen statt Gelee. Zu Mittag kocht man Rindfleischsuppe, Pellkartoffeln, Wirsing und Salat aus roten Rüben, das wär so Tradition. Den Männern, die die Drescherei im Ort besorgen, kommt manche Tradition schon oben wieder raus. Doch wissen sie Bescheid, wo Tradition am besten schmeckt. Die Dreschmaschine frisst die Garben und spuckt die Körner gleich in Säcke rein, zudem formt sie das ausgedroschne Stroh zu dicken Ballen.

Das Garbenstopfen, Säckeschleppen, das Ballenstemmen in der Scheun, hinauf zum Oberstock, verbraucht die ganze Manneskraft am Ort. Es staubt und dröhnt, es riecht nach Stroh, den Männern steht der Schweiß in Perlen auf der Stirn. Geduldig warten vor der Scheune Alberts Ackergäule, die nachher die Maschine aus der Scheune hin zum nächsten Nachbarn ziehn. Frauen und Kinder dürfen sich in Hof und Scheune heut' nicht blicken lassen.

Falten springen aus dem Ärmel
zischen, schwingen
und singen ein Bügellied

Schweigend breitet sich
die Glätte aus
und die Faltenlagentränen
entdampfen lautlos

Kurz ist so ein Leben
dem der Zweck des Seins weggebügelt wird

Dann und wann gelingt es
einem wehmütigen Zwirngewisper
ins R e s t l e b e n s g e f l ü s t e r
der Falten einzuziehen

Opa geht fort – Wortlose Fragen

Mit Seifenschaum und Pinsel macht der Opa seine Glattrasur. Das Messer hat er gut geschärft und an nem Ledergürtel auf und ab poliert. Er zieht das weiße frischgestärkte Hemd mit Kragen an, dazu den guten Anzug und die frischgewichsten Schuh. Der Opa riecht nach Seifenschaum, am liebsten würden Bärchen und die Lene mit ihm gehen. Die Oma hat ihm auch ein bügelfrisches Sacktuch hingelegt. Er steckt die Brille in die Innenjackentasche und ein paar Münzen aus der Haushaltskasse ein. Opa geht fort und lässt die Oma, Tanten, Kinder ganz allein zurück. Er wird doch heute Nacht wohl wiederkommen.

Macht doch der Faden
was er will

Zeitstehlen
will das dumme Ding
schnell
den abgerissenen Knopf
wieder dran
weil Knöpfe
nicht warten

Macht doch das Leben
was es will

Gleich fest
die Knöpfe
wie die Worte der Großmutter

Den Z i t t e r f a d e n
schnell einfädeln
durch das Nadelöhr fingern
bevor der letzte Zug abfährt

Das Kälbchen – Liebe Worte

„Die Lotte kalbt, das Kalb liegt quer, Du musst den Opa aus der Sangesprobe holen!" Die Lene rennt, der Opa kommt ihr schon entgegen. Das Bärchen nimmt den Roller und holt den Doktor für das Vieh. Die Lotte hat nen dicken Leib. Sie brüllt. Der Doktor zieht den großen Gummihandschuh über und greift der Lotte unterm hoch gebundnen Kuhschwanz tief ins Hinterteil hinein. „Gleich ists soweit." Der Doktor zerrt. „Jetzt hab ichs", ruft er und zieht die Kälbchenbeine aus der Kuh. Der Opa hat die gute Jacke auf den Futtertrog gelegt und tätschelt Lotte, die wohl nicht kapiert, was ihr geschieht. „Sei du nur brav, es ist ja gleich vorbei." Dem Opa steht der Schweiß in Perlen auf der Stirn. Die Oma schüttet frische Spreu ins Eck, damit das Kälbchen weich gebettet liegen kann. Jetzt zieht der Doktor schon den Kälbchenleib aus Lotte raus: „Kommt, helft mir ziehn!" Der Doktor schwankt, die Tante gibt ihm schnell nen Schnaps. Das hilft, wenn mal die Kraft versagt. „Schickt doch die Kinder aus dem Stall." Dem Doktor scheints nicht richtig wohl in seiner Haut. Und noch ein Ruck.
Lene lugt durchs angelehnte Tor. Jetzt kommt der schleimigbraune Leib und dann der Kälbchenkopf heraus. Der Opa, mit dem guten Hemd, nimmts Kälbchen auf die Arme, als wärs ein kleines Menschenkind und legts ins frischgemachte Kälberbett. „Ihr müsst es mit dem Strohwisch trockenreiben", befiehlt der Doktor, der noch auf den Mutterkuchen warten muss. Der Opa streicht der Lotte übers Fell „Wie sollen wir dein Kälbchen nennen?" Die Lotte sagt nichts, ist erschöpft, sie zittert,

will sich niederlegen, was ihr der Doktor nicht erlaubt. „Gebt doch der armen Lotte was zu Saufen." Die Kinder sollens Kälbchen taufen. Lene will, dass es Jorinde heißen soll. Gerhardchen würd es lieber Hannelore heißen, wie seine Kindergartenliebe. Das Bärchen kann sich nicht entscheiden. Der Doktor meint, Jorinde sei ein schöner Name für ein Rind. Das Kälbchen sieht schon aus wie eine kleine Kuh, doch knickt es mit den Beinen ein, als es sich auf den Weg zu Lottes Euter machen will. Der Opa stützt das kleine Tier. In ein paar Stunden wird es laufen können.

Opa verspricht der Lotte, das Kälbchen niemals zu verkaufen.

Kristallines Echo
glitzernde Lebens-Schmuck-Stücke
Tränenbilder
Ereignisperlenketten
Glücksfarbenfülle
H i m m e l s f r a g m e n t s o r t i m e n t e
noch einmal ein ganzes Leben
in Händen halten

Sterne - Wörtersterne

„Dort am Himmel steht der große Wagen mit der Deichsel. Schau, dort Orion mit dem Gürtel und da drüben blinkt der Abendstern."
Mit Opa geht es auf das Feld, hinaus in eine dunkle schwarze Nacht, weil heute die Laurentius-Tränen runterfallen. Sternschnuppen-Wünsche gehen sicher in Erfüllung, drum muss man sehr geduldig in den Himmel sehn.
„Aufgepasst! Da drüben sausen welche nieder!" Die Rieke hat gesagt, die Mädchen sollen fest die Beine überkreuzen, sonst hat sich schnell ein Schnupp verirrt und über Nacht ein Sternenkind gemacht.
Der Himmel ist unendlich weit und klar, die Sterne könnte man von einem Hügel aus ergreifen. „Was wär, wenn hinter all den vielen Sternen wieder viele Erden wären und Menschen dort nach Sternen blicken?" Das Lenchen greift nach Opas warmer Hand, das Bärchen darf gern seine andre haben. Sie fangen leise an, das Sternenlied zu singen. Der Opa weiß, wer auf dem hellsten Stern am Himmel wohnt.

Herrenlose Wörter
gedankenlos
verworfen
oder
auf der Lebensreise
einfach vergessen

Sie hängen in den Kleidern
an Wänden
in Schränken
Wörterspuren
unauffindbar

Der Tod – Wortlose Trauer

Es ist dem Opa was passiert. Er spricht nicht mehr.
Er sitzt auf seinem Platz, am Kopf des Tischs, und schnei-
det auf dem Holzbrett mit dem Messer seinen Schnaps,
so wie ein Butterbrot. Die Oma weint in ihre Schürze rein.
Der Opa war doch bloß mal eine halbe Stunde drüben,
um den Johann zu besuchen.
Mit Hemd und Hose hat er sich dann aufs Bett gelegt.
Am nächsten Morgen steht der Opa nicht mehr auf.
Er rührt sich nicht. Nur seine blauen Augen blicken so, als
ob sie sprechen könnten. Die Oma sitzt am Bett und flößt
ihm Honig ein, wie eine Vogelmutter ihrem Jungen. „Du
musst was essen, du musst leben!" redet die Oma auf ihn
ein. Doch Opa schluckt nicht, sagt nichts, schaut nur mit
seinen himmelblauen Augen auf, als wär ein Teil von ihm
bereits davongeflogen zu dem schönsten aller Sterne.
Lene steht nur stumm am Fuße seines Betts. Sie wird die
sternenfernen Augen und die einst so warme Hand des
Opas nie vergessen.

Nadel und Fadel
lagern im Hadel
notschwer das Lot
es lasten die Klagen
der Rotaugenmutter
gefädelt
die Trauer
aufs Tränenrad
im Vergängnis verloren
die L e b e n s n a d e l

Nimmermehr - Trauergesang

Die Äpfel fallen traurig von den Bäumen, die Zucker-birnchen weinen bittre Tränen. Die Oma sitzt ganz starr, sie schaut den Tanten bei der Einkocharbeit zu und redet wirre Sachen.

Die Tanten blicken traurig auf Gelee und eingekochte Birnen. Auf Zehenspitzen schleichen Kinder durch das Haus. Sie fragen ängstlich, wann der Opa wiederkommen wird, wann alles wieder sein wird, wie es einmal war.

Die Oma herrscht sie an: „Seid still mit eurer ewgen Fra-gerei. Nichts wird, wird, wird." Sie summt: „Es war einmal so schön gewesen, so wird es nimmermehr."

Die Lotte mit dem Kalb, die hat der Schlachter abgeholt. Die Rieke und den Konrad hat der Nachbar Johann über-nommen. Die beiden wollen vor den Traualter. Die Onkels fahren in die Stadt, wo's Arbeit gibt in der Fabrik und Irma geht mit ihrem Liebsten nach Paris. Die Oma will nun Tag und Nacht die Säue füttern und fragt an man-chen Tagen hundertmal, wo denn der Opa bleibt. Die Tanten flattern wie die schwarzen Krähen durch das Haus. Das Tantenlachen ist verstummt.

Lene lauscht den Wiesen und dem Wind die ewgen Lie-der ab und schreibt den Sternen Briefe aus dem Lande Nimmermehr.

Es war einmal

Hinter den Zäunen
wo der Sommer wächst
in den Erdbeeren den Himbeeren
den Stachelbeeren und Johannisbeeren

Manchmal schon der Kuchen im Bauch
und doch immer hungrig im Garten
wo Tante Anna die Luft in die Erde häckelt
am Morgen, am Abend
bis sie neunzig ist und der Rücken krumm
bis das Hackenblatt blank
und nur noch zwei fingerbreit

Bis wieder und wieder die Äpfel
reif von den Bäumen fallen
Hinter den Zäunen die süßen Beeren
und die klare Luft von den Wäldern her

Und wenn der Schnee kommt
sind die Kirschen, Birnen
und die Zwetschen eingekocht

Der Apfelsaft ist ausgepresst und in den Flaschen
die Kartoffeln sind im Keller
und die Goldparmänen, Boskop
und die Goldrenetten daneben im Regal

Darüber dunkelrot und honiggolden lockend
der Gelee von Äpfeln und Johannisbeeren

in Gläsern und in Reih und Glied

Das Kraut ist eingeschnitten
gestampft und eingesalzen
in dem großen grauen Steinguttopf

Und wenn der Winter endlich vorbei
dann geht's in den grünenden Garten
schauen wie die Kirsch- und die Apfelbäume blühen
und wie Tante Anna
wieder Luft in die Erde häckelt
wie sie Bohnen und Kartoffeln
und allerlei Samen im Erdreich versteckt

Warten
bis langsam ein neuer Sommer wächst
hinter den Zäunen
im Lande „Es-war-einmal"

Süßes Versprechen

Kein Krieg hatte die Urgroßeltern davon abhalten können, Apfelbäume zu pflanzen. Hoffnungsapfelbäume, Cox-Orange, Boskop, Goldparmänen und Gravensteiner. Kinder, Enkel und Ur-Enkel würden in diese Äpfel hineinbeißen. Mütter und Tanten würden Äpfel einkochen zu Gelee, der in Gläser abgefüllt im Winter golden strahlen würde wie die Sommerabendsonne.

Bei klirrendem Frost und dichtem Schneetreiben wäre sein Leuchten in den Kellerregalen ein Versprechen. Verdichtete, konservierte Liebe, von Vorfahren weiter- und weitergegeben.

Weitergegeben an die Familie am Frühstückstisch, bei Milchkaffee und Butterbroten mit Apfelgelee.

Rötlich schimmerndes zuckersüßes Cox-Orangen-Goldparmänen-Glibbergold-Glück.

Augenblicke plötzlicher Gewissheit, dass Urgroßväter und Urgroßmütter mit all ihren Nachfahren um den Tisch versammelt sind.

An dem Tisch mit der sonnengelben Wachstuchdecke, darauf das Sammeltassenservice mit den buntblumigen Ornamenten, ein Schneeglöckchen-Sträußchen in einer kleinen bauchigen Vase und in einem Kristallschälchen der Apfelgelee.

Sie würden alle etwas schmecken, für das es keine Worte gibt, über das sie nicht sprechen könnten, doch es wäre unverlierbar da.

2.

ScheinWörterFlut

Wunderbar

Ich trage, wo ich gehe, stets eine Uhr bei mir / Ein kleines Stückchen Glück / Und wenn die kleinen Veilchen blühen / Wenn der weiße Flieder wieder blüht / Freunde, das Leben ist lebenswert / O Du Fallada, da du hangest / Wild ist der Westen und schwer ist der Beruf / Nahmst Kürtchen sein Hütchen / Buttje, Buttje Timpete / Wenn das meine Mutter wüsste / Abends wenn ich schlafen geh / Wenn ein junger Mann kommt / Du bist die Welt für mich / Eins und eins, das macht zwei/ Dreidreidrei bei Issus Keilerei / Das Herz im Leib tät ihr zerspringen / Spieglein, Spieglein an der Wand / Wer hat von meinem Tellerchen gegessen / Du hast Glück bei den Frau'n / Rapunzel lass dein Haar herunter / Bis ich mich gegürtet und geschnatzt / Großmutter, du hast ja so einen großen Mund / Guten Abend, gute Nacht / Damit ich dich besser fressen kann / Mit Rosen bedacht, mit Näglein besteckt / Wenn der Vogel morgens singt / Du bist die Welt für mich / Frisst ihn abends die Katz / Und Minz und Maunz die Katzen erheben ihre Tatzen, sie drohen mit den Pfoten / Wenn ein junger Mann kommt / Die Mutter hat's verboten / dass er von dem Sauerkohle, eine Portion sich hole / Dies Götterbild, mein Herz mit neuer Regung füllt / Und von dem ganzen Hühnerschmaus guckt nur noch ein Bein heraus //
Advent, Advent / Dort vor dem Tor marschiert kohlrabenschwarz ein Mohr / Ein Lichtlein brennt / Es brennt das Kleid, es brennt das Haar, es brennt das ganze Kind sogar / Hundert Mann und ein Befehl / Für dich soll's rote Rosen regnen / Sagen Tulpen aus Amsterdam/ Im

Falle eines Falles / All mein Gedanken, die ich hab / Macht hoch die Tür / Es kommt ein Schiff geladen / Du sollst nicht ehebrechen / Rennie räumt den Magen auf / Auf, auf zum fröhlichen Jagen / Guter Mond du gehst so stille / Wo ein Wille ist, ist auch ein Weg / Es fährt ein Zug nach Nirgendwo / In der Nacht ist der Mensch nicht gern alleine / Allein, wieder allein, einsam wie immer / Und immer wieder geht die Sonne auf / Lady Sunshine and Mister Moon / Der Mann im Mond der hat es schwer / Der Mond ist aufgegangen / Vierzehn Englein um mich stehn / Der Herr ist mein Hirte / Ich will nen Cowboy als Mann / Doch der Rübezahl hütet uns gut / Ach, wie gut, dass niemand weiß, dass ich Rumpelstilzchen heiß / Heute back ich, morgen brau ich und übermorgen / Geht die Sonne auf / Eins, zwei drei vier Eckstein / Du bist die Welt für mich / Siebzehn Jahr blondes Haar / I can get no satisfaction / Let it be, let it be / In the yellow submarine / Ganz in weiß mit einem Blumenstrauß / Treulich geführt / Wir winden dir den Jungfernkranz / Only you / Nur du allein / Was machst du mit dem Knie lieber Hans / La Paloma ohé / Eine Seefahrt die ist lustig / La mer a bercé mon coeur / Tippetippetippso beim Calypso, dann wird alles wieder gut / Erde zu Erde / Und alles wird wieder gut / Asche zu Asche / Schlafe selig und süß / Das ist die Zuckerpuppe von der Bauchtanztruppe / Wenn die Elisabeth nicht so schöne Beine hätt / Meine Mu, meine Mu, meine Mutter schickt mich her / Ob der Ku, ob der Ku, ob der Kuchen fertig wär / Wenn du nicht brav bist holt dich der Hubutz / Der Liebegott sieht alles / Ruckediguh, ruckediguh, Blut ist im Schuh / Und die Mutter blickte stumm / Still wie der See / Stumm wie ein Fisch / Klug, wie die Schlange / Blind wie ein Huhn / Icke acke Hühnerkacke / Stark wie ein Bär / Stolz wie eine Rose / Kämpft wie ein Löwe / Ein Freund, ein guter Freund, das ist das schönste, was es gibt auf der Welt / Wunderbar, wunderbar, diese Nacht so sternenklar / Guter Mond du gehst so stille / Ein kleiner Schritt für einen Mann, ein großer Schritt für die Menschheit / Vorüber rauscht die Jugendzeit / Alles schläft, einsam wacht / Im Sommer scheint Sonne / Da steht das Glück vor der Tür / Im Winter da schneits / Den Schnee-, Schnee-, Schnee-Schneewalzer tanzen wir / Nachtigall ick hör dir trapsen / Dies Götterbild mein Herz mit neuer Regung füllt / Mama, du sollst doch nicht um deinen Jungen weinen / Wenn die bunten Fahnen wehn / Bin ich wieder bei dir / Ich bau dir ein Schloss / Auf diese Steine können sie bauen / Schaffe, schaffe Häusle baue / Mars macht mobil / Und Safran macht den Kuchen gel / Ich küsse Ihre Hand Madame / Und wenn die ganze Welt zusammenfällt / Ich bin klein mein Herz ist rein / Und immer wieder geht die Sonne auf / Lieber Gott mach mich fromm / Morgen ist auch noch ein Tag / Herr, lehre uns bedenken / Der Faule wird am Abend fleißig / Was du heute kannst besorgen / Im Keller ist es duster / Laterne, Laterne, Sonne, Mond und Sterne / Wer hat Angst vorm schwarzen Mann / Gib das schöne Händchen / Hast du keine Augen im Kopf / Pass auf wo du hintrittst / Mach dich nicht schmutzig / Sei schön brav / Hast du nichts Besseres zu tun / Ich tanze mit dir in den Himmel hinein / Dreimaldrei plus eins ist zehn / Ich hab die Liebe gesehn / Vom Eise befreit sind Bäche und Flüsse / All mein Gedanken, die ich hab / Messer, Gabel, Schere, Licht / Und immer wieder geht die

Sonne auf / Wunder gibt es immer wieder / Butterfly my butterfly / Glück und Glas, wie leicht bricht das / Regentropfen, die an mein Fenster klopfen / Doch die Frau, die dich liebt / Veni, vidi, vici / Machst du glücklich, wie noch nie / Ich tanze mit Dir in den Himmel hinein / Yesterday / Du bist die Welt für mich / All my trouble seemed so far away / Up, up and away / Nur nicht aus Liebe weinen / Pigalle, Pigalle, das ist die große Mausefalle / Bleu, bleu, l'amour est bleu / Im café de la paix / Oh Champs-Élysées / Wenn ein junger Mann kommt, der weiß woraufs ankommt / Ich liebe jeden, der mir gefällt / Du bist die Welt für mich / Auch wenn ich fühle, es kann nur Lüge sein / Die Männer sind alle Verbrecher / Und der Haifisch der hat Zähne / Küss mich, bitte, bitte küss mich / Du hast Glück bei den Fraun, Bel Ami / Denn wie man sich bettet, so liegt man / Und wenn die ganze Welt zusammenfällt / Ich lüge auch und bin dein / Wenn das meine Mutter wüsste, das Herz im Leib tät ihr zerspringen / Und Munz und Maunz die Katzen erheben ihre Tatzen / Pussycat, Pussycat I love you / Only you / love me tender, love me true / Und aus bist du / Glücklich ist, wer vergisst / Je ne regrette rien / Schläft ein Lied in allen Dingen / Und das Wort ward Fleisch / und das Fleisch ist schwach / Und das Messer sieht man nicht.//

Anmerkung: Ein Sound-Track aus Worten und Musik für ein Mädchen der fünfziger und sechziger Jahre. Es sind Zitat-Bruchstücke aus Bilderbüchern, Märchen, Klassikern, Abzählversen, Werbesprüchen, Sprichwörtern, Gebeten, Volksliedern, Liebesliedern, Schlagern, Opern, Operetten, Bibelversen, Erziehungsvorschriften u.a.

Lebenstraum–Klaviaturen
Illusions-Generatoren
Sehnsuchts-Koloraturen
Liebeswonnen-Plattenspiele
Glücks-Partituren
Wehmuts-Wunderland
Luftschloss-Lettern
Meereswogen-Melancholien
Schellack-Gelächter
Märchen-Prinzen-Lotterien
Schlafstimmenschauder

Klangträumereien

Schlager, Liebeslieder, Arien tun, als wäre das Leben so, wie es besungen wird. Säuselnd schmachten sie von Herzeweh, das schnell vergeht, vom Schatz, der mit der Liebsten immer wieder in den Himmel tanzt. So wäre das Leben, es wäre wunderschön, wenn der Gesang als Paradies Gestalt annähme und wenn die prophezeiten Träume und Visionen wahr würden. Die Sonne würde Wonne, rote Liebe und roter Mohn wären nicht nur ein Versprechen von der Heirat mit mindestens einem Königssohn. Die Melodien singen sich in den Kopf hinein, ins Herz, in die Träume. Gesungen wird bei jeder Gelegenheit, in Freud und Leid, allein, zu zweit, im Chor.

Abends taucht Lene ein in den Klang von Stimmen und Flüsterworten, die aus dem Äther strömen in einen Rundfunkempfänger, ins Zimmer, in die Ohren, die Gedanken, die Träume, die beginnen zu reisen, zum Mond, auf ferne Inseln, über den Ozean, ans Ende der Welt...

Klangwellen entströmen den Kehlen von Sängern, überfluten das Gemüt mit Sehnsuchts- und Liebesliedern im Dunkel einsamer Nächte mit Radio Luxemburg.

Das Glück wächst und wächst beim Schwelgen in den Klangträumereien in unermessliche Höhen. Alles wird gut. Es wird alles heilen, auch das, was nicht zu heilen war.

Und auf dem Fußboden neben dem Bett stapeln sich Abenteuerromane, Lebenslehrbücher und Romanzen, Lebenstraumgeschichten aus einer anderen, fernen Welt zum Verscheuchen von Alpschrecken des Tages.

I n s S c h e i n b a r e sich scharen
den Zwieschein wahren

Im Fließen und Strömen
schweben treiben sich sehnen

Helios in wilder Glut auf hohem Ross
und furios die Arabesken im Fontänen-Schloss

Springwasser glitzern rauschen
blitzen aus den Quellhaubitzen
wo die Nachthyänen lauschen

Im Heckenlabyrinth die Koboldlachkaskaden
an gezwirrten Wasen-Pfaden

Klirrblüten-Gesang
ein spitz-zischender Schmerz

Bleu en bleu in dustren Husen
ein Pas de deux der Tempelmusen

Zu Neptun geht nun das Verlangen
hinab ins kühle Nass zum Reich der Nymphen
wo sich so manche zarte Seele hat verfangen
in wilden Algenwuchersümpfen

Verschillern im Wellengewirbel
zerzaust vom Hauchgezwirbel
Ausgeblättert der Schattenfallklang
im dumpfen Berstgeläutgefang

Im Sonnenuntergang erlischt der Schein
Aus tiefstem zitternden Verzagen
erklingt im nahen Rosenhain
der Nachtigallen zages Klagen

Die dunklen Wolken jagen Helios davon
Pan tritt hervor
mit süßem Flötenton durchs Schattentor
Weitertanzen auf Lichtsprungschanzen

3.

Sprachlose Mitteilungen der Dinge

Schillernde Schrittreflexe

wilde Ding-Schattenjagd
großes Satzsplittertosen
Gedankenschall-Gefälle
Stimmenspurkatarakte

Das Haus

Im Haus der Mutter haben alle Dinge ihren festen Platz. Die Dinge geben Geborgenheit. Die Dinge, die uns wichtig sind, wärmen das Gemüt. Wir erinnern uns an Menschen oder Ereignisse, die uns wohlgetan haben.
Die Ordnung der Dinge hat eine geheime magische Kraft, eine innere Energie, die das Leben der Familien zusammenhält. Wenn die Menschen nicht da sind, verlieren die Dinge nach und nach ihre Kraft.

Jetzt ist das Haus unbewohnt und steht kalkweiß erstarrt auf einem kleinen Hügel. Wenn man vor der Haustür steht, noch einmal die Klingel betätigt und dann doch den Schlüssel ins Schloss steckt und dreht, scheint es möglich, dass Mutter freudestrahlend entgegenkommt und dass es nach frischgebackenem Apfelkuchen duftet.

H e i m a t l o s
die Orientierung verloren
abgeschnitten
vom Wurzelnetzwerk der Erinnerungsstücke
in den Sortiment-Schubladen
für solche und solche Gedanken

In der verräumten Welt
wieder und wieder
nichts wiederfinden
nichts als Verwirrung
unverortet
w o r t l o s   e n t w u r z e l t

A u f g e w a c h t im Wo-bin-ich-Zimmer
unter der großen Glocke Angst
die Seele erstarrt
wie jahrtausendealter Schnee

Im A n g s t h a u s wohnt das Nichts,
das Nichts ist kalt und leer
das Krippenspiel ist abgesagt

Die Seele verkriecht sich zitternd
im Daunenmantel an der Garderobe

Sie muss fort
sie kann hier nicht bleiben
im Haus der Angst

Entwurzelte Biographie
Leben im freien Fall
schwebende Mauern
ein fliegendes Haus

Leichtbauweite
Hohlblockhall
destabilisierte Objektvernetzung
zerrüttete Erinnerungsanatomie

freier Fall
in die Stille
wo die Hohlräume
den Schlund aufreißen

K a l k f e u c h t e W ä n d e
sonnenwarme Sandstein-Treppen
die Zeit knistert
duftet
nach Gladiolen und Phlox

es ist niemand da

die Zimmerfluchten
durchschreiten
noch einmal
das H e r z j a g d e n s p i e l

keiner spricht ein Wort

Gedankenfalltüren
Spinnwebgespinste
Zimmerkälte breitet sich aus

Die Auswahl der Dinge

Wir sind Suchende
wir sind Werdende
wir wählen die Dinge
die Orte
wir verzweifeln an der Vorstellung
nicht zu verstehen
und nicht verstanden zu werden

die Dinge wissen mehr
die Dinge wählen uns aus
die Dinge tragen Erkenntnissen in sich

die Dinge erinnern sich
die Dinge erinnern uns daran,
woher wir kommen und
wer wir sind
und was wir zu tun haben

Das Atmen der Schränke
knarrende Schranktüren
blanker Lebensverschluss
im Zeitmaß des Alltags

Melancholische Geometrie der Leibwäsche
gefaltete Zeitgruppen
bewegungslose Farbklangparallelen

Restzeitgewinn im Frischluftduft
Landschaft atmet textil
durchs gestapelte Gewebe

Schlafanfälligkeiten im Zerr-Spiegel
luftgetrocknete Schlaraffenangst
zitternder Duftkissen

Schnell die Zeit in den Schrank einschließen
hektische Echtzeitkonservierung
schockgefrieren
das vergangene Leben

D e r   S t r o m   d e r   D i n g e

Du beginnst die Dinge
ihrem geistigen Spielraum zuzuordnen
Wesentliches von Nebensächlichem
zu unterscheiden

Du wählst Dinge aus
weil sie Lebensfragmente mehrerer Generationen
in sich tragen
Der Nachlass wird konzentriert
Die Dinge tragen Vergangenheit in sich
die sich beim Betrachten und Begreifen
in die Gegenwart zu verweben beginnt

Die Dinge suchen Kontakt
sie erwecken die Liebe des Betrachters
Die Pfeife des Großvaters
Mutters unzählige Bücher, Steine, Kristalle
gesammelte Muscheln
Tagebücher, die man nicht lesen
aber auch nicht wegwerfen kann
Tonkassetten mit Stimmen von Verstorbenen
Kinderbücher aus drei Generationen
Geheimnisse
unlesbare Handschriften, Zeichen und Symbole

Du nimmst Dinge aus einem festgefügten System heraus
gibst ihnen einen anderen Platz

In deinem Notizbuch verwandeln sich
die Dinge zu Wörtern
Es entsteht ein Wort-Schatz-Museum

Erinnerung formt Bilder und Wörter aus Wörtern
eine Welt hinter den Dingen
Du blickst in einen Spiegel
siehst Fragen und Antworten
Die Dinge werden ins Licht gerückt
Die Dinge werden aus ihrer Erstarrung befreit

E i n   W e h e n
Schweben und Bauschen
am offenen Fenster
und in der sperrangelweit geöffneten Tür
„Es wird heute sicher ein Gewitter geben"
haucht man einander zu
Der Wind spielt
mit den schneeweißen Schleiern

Sie erzählen den staunenden Möbeln
dass der Sommer früh sei in diesem Jahr
und so unruhig sein
K o m m e n   u n d   G e h e n

Im Rauschen der Baumwipfel
künden sich neue Turbulenzen an
die Gardinen zucken zusammen
nervös verbellen Hunde die Wetterfront

Nur die Amseln
lassen sich nicht aus ihrem Rhythmus bringen

Die Gardinen reißen heftig
an ihrer Halterung

Erstarrte Zeit
Erinnerungsohnmachten
Blindbriefe flattern

Schnatternde Nachschlagewerke
Sprach-Attrappen
Sorgfalts-Listen
Flachlagenalphabete

Zerbröselnde Trauer
zwischen vereinsamten Notaten
gestapelte Erinnerungs-Geographie
stark absturzgefährdet

Fernreisen-Arabesken
lexikalische Gewinn-Ermittlungen
einer entglittenen Lebenswelt
Zeitadditionen, inhaltsleer

Verlassene Freundschafts-Quersummen
marschierende Zahlenkolonnen
abgerechnete Glücksminuten
Bruch-Stücke eines Lebenskonzeptes
Ahnungen von Unsichtbarem

Urklangmuster ungelebter Seins-Optionen
versöhnlicher Singsang von Glastüren
Räumungsschmerz

Du fingst wahre Qualen
da jäh vorm S t y x
zag der Blutkeim pochte

Engelspräsenzen

Das Füllhorn flatternder Furchtfalter-Nächte
zeigt sich zwischen Kalender-Blättern

auf den Notizblättern
zwischen den Zeilen
den Silben
das Zittern der Ohnmachtsgebete

Gottesbeweise schlummern
zwischen den Arztbriefablagen
sie schimmern aus den Diagnosen
im Kampf mit dem Unglauben

Für Sekunden materialisieren sich
Engels – Präsenzen

Notenköpfe parlieren im Zwischensang
erhaben über Sprache und Zweifel

Gott durchdringt alles
lenkt alles
fügt die Bruchstücke
wieder und wieder neu zusammen
im Wissen
dass das Scheitern in jedem Bestreben schwingt

Er gibt nicht auf
er ist da
wenn wir versuchen
die Splitter des Todes
mit dem Leben
zu einem Sinn
zusammenzufügen

Wir hoffen
nehmen Dinge in die Hand
wollen ihnen eine Sprache geben
eine Sprache
die einen neuen Anfang in sich birgt
damit wir nicht an der Trauer verbluten

A ber Bruchstücke
chaotischer dunkler Energie-Echogramme
flackern grundlos hallend
im Jetzt
karge Lautstrukturen
milder Nachlichtkonstellationen öffnen
präperspektivische Quasaren-Rückkopplungsprogramme
träumender Urklang-Vorboten

Wild-Wogen-Xalter
psychophober Z e i t r a u m s p r ü n g e

Korrespondenzen

Gestapelte Briefe und Postkarten
verschnürte Korrespondenzen
handgeschriebene Glückwünsche
wohlformulierte Reisegrüße
schwarzumrandete Beileidsbriefe

Ein Jahrhundert aus
tiefer Anteilnahme
und lieben Grüßen

Dokumente von Lebensnetzwerken
geknüpft aus Erkenntnissen
aus Glaube, Hoffnung, Liebe

Und der leblangen Zusicherung:
„Du bist nicht allein!"

A ugflammenpole
gigantische Herzjagden
zucken durchs Bitterglimm
inszenieren Malaxien
Klammersynkopen
im Machtzerfall
ortsverzweigte Quoristen
abschüssige Selbstgesichte
verlangen vage
Wertwankungswandlungen

Gesang der Haushaltsgeräte

Aufmarsch der Zweckglasbestände
Schuhe und Schnürsenkel
selbstvermehrend

Schwammtuchlawinen in den Zuchtputzgehegen
Fleischwolfarchive in Vorratskammern
Besteck-Zeit-Echo

Gedankenbrüche
Zwiebackdosen- und Glasschalenressourcen

Kochlöffelholzschlagstockgetrommel
raschelnde Sütterlin-Rezepturen
wütendes Milchkannengeklapper

Und draußen reifen bittere Trauben
die Apfeltage füllen sich mit Herz-Not-Säften

Zuckertränen perlen herab
von Wangen und Trostpostillen

Seelenlos verharren die Zimmer
im Vakuum totgeborener Träume

D er freie Fall der Dinge

Schaurige Eckdatensammlungen
Papierpanzersperren
Pappschachtelgemäuer

Im Regal darüber
gähnen Koffer ihre Leere aus

Waschkorbgeschwader
verteidigen ihre Stellung
es droht der freie Fall der Reste
eines gelebten Lebens
der Sturz in den Schlund des Verbrennungsofens

Erstarrte Hart-Plastikware ächzt und
bröselt in unzugängliche Verwinkelungen

Die Dinge zieren sich
geben sich geheimnisvoll
gaukeln Schatz-Qualitäten vor
wissen aber
es gibt keinen Aufschub

A u g o f f e n e   A u g u r e n
Behelfs-Cunctoren
druseln durch drohende
Ewigkeitsentflammungs-
F l u c h t f a l l e n
greulich grienender Grenz-
Hemmungshintergehungshalter

Im inwendigen Janusjambenjammer
kollaborieren Knickkautz-Kentauren
lavieren Lautlocklakonien
minderer Mißmakel-Nirgelneophyten
oftmals offenkundig
okzidental okulierend
postwendend per Parallaxien-
Quantenquarz-Raspelrückstrom
stracks stetig suggestiv
tautolog taumelnd
ums Unbedingte
vager Werkzellwinden
xynthaft
zweizeitiger
Zweif-Zwyklopen

E x o d u s d e r E n g e l

In den Schrankfächern
stapeln sich Glitzersterne
vielleicht könnte eine Mundharmonika
die Gesellschaft der schlafenden Dinge
zum Leben erwecken

Flitterstaub bitzelt in der Nase
die Völkerwanderung
der Rauschgold-Engel beginnt

glitzernde Engel
samtene Engel
gläserne und seidene Engel
bunt-papierene Engel
Pausbacken-Engel
Porzellan-Engel
Keramik-Engel
Engel aus Stroh
Engel aus Holz
aus Goldpapier und Rosenquarz

Zwischen jedem Engel ruht ein Lebens-Jahr

Schachtel um Schachtel heraus
Deckel auf

und die Engel in heller Aufregung
Ein Räuchermann aus dem Erzgebirge
vom Drehschwindel erfasst

Ahnungen zucken auf
düstere Gewissheit
dass die Aufgaben bereits erfüllt sind
rien ne va plus?
Knurrend marschieren Kurrende-Sänger auf

Das Treppenhaus hat eine Panikattacke
Christbaumkugeln kriegen Platzangst

Aufrechte Kerzen stolzieren unruhig
auf dem oberen Treppenabsatz hin und her
froh dem Siechtum
des Kerzenkarzers entkommen zu sein

Sie brennen darauf zu entflammen
Licht und Wärme in die Welt zu bringen
um jeden Preis

Die Strohsterne erzählen
von sorgfältigen Händen
sie erzählen von dieser Liebe
die das Stroh, die Gold-und Silberfolien
zu Himmelskörpern
und Weihnachtsbotschaften verwandelten

Rezepte für Sühne-Kipferl
hasten zu den Vanillespalieren
Zweck-Krisen-Stimmung breitet sich aus
zwischen Tischdecken
Tischläufern und leeren Besteckkästen
gehandarbeitete Topflappen
in der Seins-Sinn-Krise

Goldfarbene Geschenkbandverwicklungen
in sich selbst verstricktes Lametta-Geklirr

In der hinteren Ecke des Wandschrankes
ächzen geplagte Weihnachts-Buchrücken
atemlos sprudeln Geschichten
aus Buchstabenlandschaften
Weihnachten droht sich hier zu verzetteln

Zerfledderte Lebens- und
Schicksals-Bastelbögen
verstaubte Falt-Tannenbäume
die keinen Wald mehr haben

Das Ende der Welt scheint angebrochen
für alle Schrankfachbewohner

Nichts ist mehr wie es war
alle hatten einst einen Daseinszweck erfüllt
und was wird nun sein?

Kein Friedhof der Glitzer-Sterne
keine Luft-Bestattung für Rauschgoldengel

Ihr Exodus führt sie auf fernere Dachböden
in den Abfall-Container
oder doch noch einmal
in unbekannte Weihnachtszimmer
zur Wiedergeburt
an der Krippe
im Glanz von Kerzen
und Kinderaugen

Die Ahnen schweben vorm Fenster vorbei
das Haus hat seinen vertrauten Geruch
noch immer nicht ganz verloren

Die Erinnerung träumt

Zimmer für Zimmer
leer
Spuren eines Lebens
hinaus geräumt

Die Strukturen
verschwunden
mit den Dingen

Die Erinnerung träumt
wieder und wieder alles hinein
setzt Mutter auf ihren Sessel
Großvater an die schwarze Schreibmaschine
stellt Vater mit der Aktentasche in den Türrahmen

Das Haus ist leer
Raum
für den Neubeginn

W indzerfauchte Trostschallverse

fingerdicke Staubgeschichten
Verlassenseinsstarre

Holzlattenschattenspiele
Wummerhitzgeflimmer

Gegenwartsschauderschmerz
nachrauschende Lebensklangfülle

nahende Sternenstille
der Griff hinter die Nacht
Weite
umfängt
dich

Im Schatten der Wörter
beginnt das Buchstabieren
der menschlichen Existenz

Das Fragen und Suchen
nach den Botschaften
nach der Summe allen Erkennens

Das Verstehen beginnt
mit ersten Ahnungen
vorläufigen Antworten
im Wunder des Werdens

Im Werden der Wörter
erhalten die Dinge ihre Namen
und offenbaren ihr Geheimnis

B i r n e n b a l s a m
blank geriebene Tropfsüße
ängstlich zwispern die Espen

Vor dunklem Dornengrund
hockt heilige Gram

Herzgestein feiert Trughochzeiten
Mondmilchmasse gefriert

Nichtig die Ordnung
karger Distelgerichte

Um rasendes Rauchspiel
tollkühner Mohnpuppen
ranken sich Trollgesänge

Die Jahre entwachsen
der Qual ihrer Wunden

Nachworte

Die Sprache spricht
von poetischen Mysterien
Wortklang-Gesängen
grau-schwarzen Staub-Schrecken

von Erinnerungslandschaften
von der Sprache der Dinge
vom scheinbar materiegewordenen Geist
von Ahnungen
von Rätselhaftem
von Ordnungsstrukturen der Ding-Welt
von der Zerstörung von Ordnungsstrukturen
vom Kampf gegen das Hereinbrechen von Katastrophen
von Angst, Einsamkeit, Fremdheit, Schmerz,
Liebe, Freude, Wertschätzung, Zärtlichkeit
und Geborgenheit
vom Annehmen der Lebensaufgaben
vom füreinander Dasein

Die Sprache spricht auch vom Schweigen, vom Ungesagten, vom Unsagbaren, vom Verbergen, vom Sprachlosen, vom verdrängenden Leugnen und vom stillen Einverständnis.
Im Schatten von Dingen und Wörtern ereignet sich eine Lebens-Zeit-Reise durch das materielle und geistige Universum mehrerer Familien-Generationen. Wenn es gelingt, dem Schweigen, wie dem Binnengeflüster der Wörter nachzulauschen, und die Sprache der Dinge zu verstehen, kann sich das Nicht-Sagbare offenbaren.

Ich danke Michael Liebusch für die Kooperation bei der Arbeit am Manuskript, für das Schlusslektorat, das Layout, das Cover und die Ermöglichung der Herausgabe dieses Buches.

Ich danke Kerstin Marklofsky für des Gegenlesen und die anregende Kommunikation über die Texte während der Phase des Schreibens.

Ich danke Bernhard Bauser für das Gegenlesen eines sehr frühen Entwurfs.

Ich danke René Brühl und Gaby Werner für das Lektorat der Endfassung.

Wolfgang Klee ist zu danken für eine Ur-Lesung aus meinem Manuskriptentwurf mit dem Arbeitstitel „Ding-Schatten-Jagd" in der Klosterpresse Frankfurt/Main, am 20. Mai 2018.

Dieses Buch ist meinen Vorfahren gewidmet.

Brigitte Bee, 1953 geboren in Langenselbold, Tochter von Maria Elsässer, geb. Weidenbach, 1930-2013 und Fritz Elsässer 1925-1963.

Ab 1972 wohnte sie in Frankfurt am Main, nach dem Studium an der Johann Wolfgang Goethe-Universität war sie tätig als Lehrerin, Diplompädagogin, freie Autorin und Dozentin für kreatives Schreiben.

Seit 2012 lebt sie in Bad Orb.

Seit 1980 veröffentlicht sie Lyrik und Prosa in Zeitschriften und Anthologien in Deutschland, Österreich und der Schweiz. Ihre Werke erscheinen in Büchern, Hörfunk, Videos, Poesie-Performances und Musiktheater.

Buch-Auswahl ab 2013:

Brigitte Bee „**Wirbelndes Sprechwerk – Wörtersonnen"** Araki–Verlag, Leipzig 2013, ISBN 978-3-941848-15-3

In diesem Buch eröffnet sich ein Sprachkosmos von geheimnisvollen phantastisch-physikalisch-spirituellen Phänomenen. In der Beziehung zwischen Mensch und Natur spricht alles in einer je eigenen zugeschaffenen Ausdrucksweise. Es entstehen Sprachlust-Denk-Abenteuer , syntaktische Sinnmusik... „Sinndichte auch im Leichtsinn" im „Zwiegespräch mit der Sprachlosigkeit" (Zitat aus: „eXperimenta" 1.9.2013, Prof. Johannes Heinrichs), ein Welten-Gesang, Klangblumen, Gedankenschnee, Ligustergeflüster, Lichtimitate auf Traumterrassen in Seelen- und Wortlandschaften.

Brigitte Bee/Hilde Heyduck-Huth „**Der Kurpark Bad Orb – ein Loblied",** im Cocon-Verlag, Hanau 2016

„Die beiden Autorinnen Brigitte Bee und Hilde Heyduck-Huth haben lyrisch und poetisch sowie in Bildern ihre Leser zu einem geruhsamen Spaziergang eingeladen, den sie als Loblied mit ihrem Buch „Der Kurpark Bad Orb" komponiert haben... Im poetischen Teil ihres Buches haben die Autorinnen die Jahreszeiten in Gedichten im japanischen Versmaß „Haiku" verfasst... auffallend waren die pointierten und verdichteten Gedanken sowie wunderbare Wortspiele... Das Publikum war begeistert davon, wie es den beiden Künstlerinnen gelungen war, die Natur und ihre Jahreszeiten in Worten nachzuzeichnen." (GNZ 28.9.2016)

Brigitte Bee **„Von Querköpfen und Taugenichtsen"** Geschichten aus dem Frankfurt der 80er Jahre, Hrsg.: Kunstraum Liebusch, BoD, 2020 , ISBN 9783752627565 „Wenn wir Brigitte Bee´s Miniaturen auf uns wirken lassen, kriegt das Vermissen die Oberhand. Denn sie offenbaren eine Echtheit durchlittenen Lebens, von dem in der späteren, gepflegten Hochglanzmetropole nicht mehr viel übrig ist. Die Texte schaffen... eine dichte Atmosphäre und führen tief in die Seele der 1980er Jahre und ins dunkle Herz der Stadt Frankfurt, als sie noch ein Moloch war." (Rezension von Susannne Konrad FFM 2020) . Hier hat B. Bee den Sonderlingen, Anarchisten, Stadtstreichern, Hochstaplern, Süchtigen, Liebeskranken, Kriminellen, Eigenbrödlern, Lebenskünstlern und Phantasten ihren Sonder-Slang abgelauscht und verdichtet zu exzessiven Schicksal-Stories.

Brigitte Bee **„Lisbeth lässt sich nicht unterkriegen"**
Geschichten über das Altwerden, Hrsg.: Kunstraum Lie-
busch bei BoD 2020, ISBN 9783752661965
Der Wille, sich nicht unterzukriegen zu lassen, ist der
Grundton der kleinen Geschichten, die das Erleben des
Alt- und Krankwerdens in verschiedensten Alltagssituati-
onen auf manchmal humorvolle, manchmal traurige und
schmerzhafte Weise nachvollziehbar, ja spürbar machen.
„Für ihren Eigensinn, ihren Humor und ihre
Widerständigkeit, lieben wir die Protagonistin, denn sie
macht uns auch im Auswegslosen immer wieder Mut."
(Kerstin Marklofsky in AnimaLeser*) „Brigitte Bee, die in
Bad Orb lebende Lyrikerin, hat aus Besuchen und Telefo-
naten mit ihrer alten Tante Lisbeth kleine blitzlichtartige
Geschichten geschrieben. Ein wärmender Blick in den
Alltag einer hochaltrigen Frau..." (S. Berwanger, Familien-
und Beratungszentrum Marburg , 2020)

Brigitte Bee **„Azur bring Helle"**, Lyrik und Namensana-
gramme, Hrsg.: Kunstraum Liebusch bei BoD 2021, ISBN
978-3-75430-410-5
„Brigitte Bee ist eine Meisterin der Wortakrobatik, die in
ihrem neuen Buch mit dem Titel „Azur bring Helle" ihre
Wortkreationen weitergeführt hat... Der Lesende findet
sich in einer lustvoll kuriosen poetischen Sprachland-
schaft wieder, in der mit Buchstaben-und Wortspielereien
geheimnisvolle Anagramme eine Welt ungeahnter Be-
deutungen eröffnen. Das Material sind Buchstaben, de-
ren Zusammenspiel in Klang und Rhythmus strukturierter
Wortgebilde neuen Sinn erzeugen. „Azur bring Helle" ist
eine Hommage an den „Zauberlehrling" – in anderer

Buchstabenkomposition. In einer Welt der Passwörter, deren Kenntnis Macht bedeuten, sind die Namen in diesem Buch das Tor zur Fantasie und Poesie, so beschreibt es die Autorin. Der Spaß liegt darin, Buchstaben durcheinander zu wirbeln... und sie neu zusammenzusetzen zu Worten mit Sinn, Hintersinn oder auch nur Klang. Es sind allerdings mehr als nur gerüttelte Buchstaben. Die lyrisch musikalische Struktur präsentiert sich, wenn der Leser die neuen Konstrukte laut ausspricht... (GNZ 7.2.22 „Ein Unterhaltsames Pflaster in der Pandemie", v. Nina Urrutia)

Bücher von Michael Liebusch

Eiscafé Cortina - immer prima!, Norderstedt 2022
Meine Interzone, Norderstedt 2020
Jede Menge Zeit, Norderstedt 2017
Ütopie, Norderstedt 2013
Die Hauptstadt von Island, Norderstedt 2011
Der fabelhafte Hub, Norderstedt 2009
Bewegungsversuche, Christian Bedor und
Michael Liebusch, Norderstedt 2008